CLARA MARIA PARODI

AFFRONTARE L'ADOLESCENZA

Come Superare al Meglio i Problemi della Crescita dei Tuoi Figli

Titolo

"AFFRONTARE L'ADOLESCENZA"

Autore

Clara Maria Parodi

Editore

Bruno Editore

Sito internet

http://www.brunoeditore.it

Tutti i diritti sono riservati a norma di legge. Nessuna parte di questo libro può essere riprodotta con alcun mezzo senza l'autorizzazione scritta dell'Autore e dell'Editore. È espressamente vietato trasmettere ad altri il presente libro, né in formato cartaceo né elettronico, né per denaro né a titolo gratuito. Le strategie riportate in questo libro sono frutto di anni di studi e specializzazioni, quindi non è garantito il raggiungimento dei medesimi risultati di crescita personale o professionale. Il lettore si assume piena responsabilità delle proprie scelte, consapevole dei rischi connessi a qualsiasi forma di esercizio. Il libro ha esclusivamente scopo formativo.

Sommario

Introduzione   pag. 5

Capitolo 1: Come affrontare le difficoltà di linguaggio   pag. 8

Capitolo 2: Come affrontare i disagi giovanili   pag. 19

Capitolo 3: Come affrontare i problemi scolastici   pag. 30

Capitolo 4: Come affrontare le patologie a rischio   pag. 44

Capitolo 5: Come affrontare la loro indipendenza   pag. 55

Conclusione   pag. 64

Introduzione

La parola "adolescenza" deriva dal termine latino *adolescere*, che significa "crescere"; non a caso infatti l'adolescenza è l'età del cambiamento e della crescita.

L'adolescente in realtà non è più un bambino e non è ancora un adulto. La sua ricerca della maturità, da una parte, e il rinnegamento dell'infanzia, dall'altra, costituiscono l'essenza stessa della crisi che ogni adolescente affronta. In questo manuale cercheremo di comprendere questo stato transitorio e spiegheremo come affrontare e capire le varie fasi, sia psicologiche che somatiche, che lo caratterizzano.

Come tutti sappiamo, sia ricordando la nostra esperienza, sia sperimentando il difficile ruolo di genitore, l'adolescenza è contraddistinta da rapidissimi e sconvolgenti cambiamenti corporei, psichici e relazionali. Questa fase della vita è caratterizzata da emozioni intensissime, "cotte" furiose, mutamenti repentini d'idee, di aspirazioni e d'ideali. Entusiasmi, disillusioni, crolli emotivi e paure si affacciano improvvisamente nel mondo dei ragazzi. Proprio in questo periodo della loro vita i giovani hanno quindi bisogno degli adulti come "argini emotivi".

Con questa espressione intendo dire che i genitori devono costruire una specie di recinto abbastanza alto da contenere i piccoli e grandi problemi dei loro figli, solido al punto da farli sentire protetti ma, allo stesso tempo, non così chiuso da relegarli in un cantuccio solitario. Noi madri e padri, spesso, ci sentiamo invece disorientati e soli nel portare avanti un ruolo educativo in un periodo in cui le domande si sommano e le risposte spesso latitano.

Due sono i rischi nei quali possiamo incappare. Il primo è quello di "lasciarci andare" e accompagnare l'adolescente in questa fase critica senza fare alcun tentativo di comprensione o di analisi dei suoi atteggiamenti, catalogando tutto come un evento normale della crescita. Il secondo è di fare l'opposto, cioè analizzare sino all'esasperazione ogni sua condotta, interpretandola come un "sintomo" di una vera e propria malattia.

Da qui l'idea di scrivere un manuale che vi insegnerà ad acquisire questo ruolo di "argine", aiutando i vostri ragazzi nel loro cammino verso la maturità.

CAPITOLO 1:
Come affrontare le difficoltà di linguaggio

Comunicare con i figli adolescenti può essere difficile. In questo periodo della loro vita sono taciturni e introversi e non vogliono renderci partecipi delle loro giornate.

Alla base di questa difficoltà comunicativa vi sono due motivi principali: la distanza generazionale che ci divide e la loro chiusura verso ogni forma di dialogo con chi considerano troppo lontano, *in primis* i genitori. Per questa ragione dobbiamo cercare di imparare un linguaggio completamente diverso dal nostro e tentare di trovare dei punti d'incontro.

Un metodo molto efficace è quello di sforzarci di porre attenzione alle loro esigenze, inventando un nuovo modo di comunicare e sviluppando degli interessi comuni. Questo è sicuramente lo sforzo più grande che possa essere richiesto a un genitore, molto più grande di quanto si possa immaginare. Proviamo solo a pensare a quanto gli adulti siano arroccati sulle loro posizioni e poco disponibili a vedere le cose da un'altra prospettiva.

Come si comunica con i giovani

La pazienza e la voglia di mettersi in gioco sono i due fondamentali segreti per riuscire a parlare con i ragazzi. Fate in modo che si sentano importanti e parte integrante della vostra vita. Vedrete allora che saranno loro stessi, con naturalezza e gioia, a farvi partecipi della loro giornata, perché non la sentiranno più come un'imposizione.

Date loro fiducia, induceteli a ragionare, guidateli nelle loro scelte, chiedete come si comporterebbero in una data situazione e spiegategli i pro e i contro delle loro decisioni.

Spesso, noi adulti scordiamo che il periodo adolescenziale è pervaso da un senso di frustrazione e dalla sensazione di non essere mai adeguati alle situazioni. Se anche voi contribuirete a farli sentire inadeguati, il loro senso di solitudine andrà aumentando e rifiuteranno la vostra presenza sempre di più.

SEGRETO n. 1: fondamentale per riuscire a comunicare con gli adolescenti è essere pazienti e saper dare loro fiducia responsabilizzandoli.

Il gruppo come riconoscimento del singolo

L'adolescenza è caratterizzata da un enorme cambiamento fisico, che crea nei giovani una profonda crisi d'identità, portandoli alla ricerca di un proprio stile di vita. Al fine di raggiungerlo imitano vari modelli e seguono le mode del momento.

Le relazioni di gruppo sono presenti nella vita del bambino sin dalla più tenera età. Il gruppo raggiunge però il massimo dell'importanza durante l'adolescenza, quando i ragazzi mettono in discussione il loro ruolo identificativo di figli e cercano nei pari il supporto per prendere le "distanze" dall'adulto e diventare soggetti autonomi.

I giovani cambiano pelle e idee molto velocemente, perché non hanno ancora un'identità definita. Tendono quindi a riunirsi tra loro, a vestirsi allo stesso modo, a parlare lo stesso linguaggio, a frequentare gli stessi posti. Vi siete mai chiesti perché i vostri figli portano jeans stracciati, non si tolgono mai le cuffie dalle orecchie e sono tutti "uguali"? Semplice, perché dal gruppo si sentono accettati e capiti. Non necessariamente questa è una cosa positiva o negativa. Lasciate che abbiano un gruppo, ma fate in modo che non diventi la loro priorità.

SEGRETO n. 2: ricordate che il gruppo per l'adolescente è importante. Controllate però chi frequenta e fate in modo che non diventi la sua unica realtà.

La famiglia come ancora

Spiegate ai giovani che la famiglia è il luogo dove rivolgersi per cercare aiuto, il posto che li accoglie e non li giudica, il contenitore dove trovare sicurezza e amore.

Spesso le famiglie di oggi sono composte da un solo genitore e talvolta il padre è presente solo fisicamente, ma non emotivamente. Molte varianti possono presentarsi in un mondo così variegato come il nostro, ma l'importante è che gli adolescenti siano guidati dagli adulti nel loro cammino.

Ricordiamo che comunque uno dei passaggi fondamentali per diventare adulti è il processo d'individuazione e separazione: l'adolescente deve cioè individuarsi come persona e riuscire a separarsi dal genitore. In pratica i ragazzi devono imparare a essere indipendenti e crearsi una propria personalità.

SEGRETO n. 3: fate in modo che la famiglia sia un posto dove i figli si sentano capiti senza essere giudicati; un luogo sicuro dove poter ritornare ed essere accolti.

Come imparare a parlare con loro

Le parole chiave del linguaggio degli adolescenti sono: contestazione, sovvertimento delle regole e non riconoscimento del ruolo dei genitori.

Imparare a parlare con i ragazzi non è facile: occorre per prima cosa armarsi di pazienza e ascoltare. Ascoltare i loro discorsi per noi talvolta incomprensibili. Memorizzare i verbi e i modi di dire che usano. Cercare di comprendere il più possibile il loro modo di essere.

Il consiglio che vi do è quello di sforzarvi di capire il loro mondo. Come? Partecipate alla loro vita. Diventate rappresentanti di classe, in modo da avere una visione d'insieme di chi frequentano e del loro mondo scolastico. Ascoltate la loro musica commentandola insieme, magari anche contestandola e proponendo altre melodie che voi amate. La critica costruttiva è sempre utile. I vostri figli potrebbero stupirvi.

Non cercate di obbligarli a seguire le vostre orme o, viceversa, indurli a fare quello che avreste voluto fare voi. Se voi giocavate bene a pallone o eravate delle bravissime ballerine, mentre i vostri figli sono atletici come un gatto ingessato, non innervositevi: probabilmente, riusciranno meglio in altre attività che sono più adatte a loro. Se insisterete, li renderete frustrati e li farete sentire inferiori a voi.

Non borbottate sempre perché dovete andarli a prendere alle feste o accompagnarli da un amico. Approfittate anzi del tragitto per chiacchierare con loro e ricevere informazioni, costruendo un clima di fiducia. Abbiate, però, l'avvertenza di non tradire i loro segreti più intimi e non prendeteli in giro per la/il ragazzina/o del momento o per la strana camicia che indossano. Siate ascoltatori attenti e non censori.

Ricordate che il vostro ruolo non è in discussione, siate fermi nelle vostre decisioni e saldi nei principi fondamentali. I ragazzi hanno bisogno di regole, ma non siate ingiusti. Siate autorevoli, non autoritari.

L'autorevolezza si conquista sul campo giorno dopo giorno, parola dopo parola, esempio dopo esempio. Se non rispetterete il prossimo, non potrete insegnare ai vostri figli a farlo. Loro vi osservano e resteranno confusi se invierete dei messaggi discordanti. Siate quindi lineari e precisi nel spiegare il vostro punto di vista e le vostre regole e, soprattutto, agite in maniera coerente coi vostri insegnamenti.

SEGRETO n. 4: ogni giorno, lasciate da parte le vostre preoccupazioni e dedicate del tempo ai ragazzi, ascoltandoli con attenzione e senza pregiudizi. Ricordate però che i giovani hanno bisogno di regole e devono trovare in voi un esempio di comportamento autorevole e lineare.

Durante questo periodo di forti cambiamenti i ragazzi non accetteranno più facilmente il vostro ruolo di supervisori e tenderanno a mettere in dubbio la vostra autorità. Quante volte vi sarete sentiti dire che non hanno bisogno di voi, che possono cavarsela da soli, che ormai sanno tutto? Questo atteggiamento è tipico dell'adolescente che cerca la propria indipendenza all'interno della famiglia.

La cosa più importante da fare in questa difficilissima parte della loro vita è non perdere il controllo della situazione: i giovani vanno guidati e seguiti, non possono essere lasciati soli e allo sbando. La pazienza deve prevalere sui sentimenti di rabbia e frustrazione che la situazione può generare in noi.

Provate quindi a spiegargli che anche voi siete utili nella catena "evolutiva" e che non potete essere messi in disparte a favore di una pseudo indipendenza. Fategli capire che la strada che devono ancora percorrere è lunga e che l'indipendenza non è solo una questione mentale, ma è fatta da una serie di piccole conquiste e difficoltà che, come ciottoli messi uno dietro l'altro, formano la via per raggiungerla. Ricordategli che non si può avere tutto e subito, perché le cose più belle e importanti richiedono sacrificio e impegno.

SEGRETO n. 5: non lasciate che l'adolescente si senta solo, fate in modo di essere presenti. Insegnategli che la via per l'indipendenza non ha scorciatoie, ma è fatta di piccole conquiste giornaliere.

Noi genitori, in questa fase di crescita dei figli, siamo soggetti a fortissime sollecitazioni. Spesso pensiamo di aver sbagliato, ci preoccupiamo che i nostri figli siano diversi dagli altri coetanei o temiamo di non essere in grado di aiutarli. Questi pensieri negativi si ripercuotono sul nostro umore, rendendoci tristi e irascibili.

Che cosa fare allora? Pensare che non siamo soli, che prima di noi, per secoli e secoli, altri genitori hanno affrontato questo calvario. Parlare con persone che hanno figli della stessa età dei nostri, per renderci conto che in fondo siamo tutti nella stessa situazione. Ricordarsi sempre che sbagliando s'impara e che nessuno è perfetto, perciò, anche se abbiamo fatto degli errori, possiamo ammetterli e cercare di riparare. Ripensare a come ci sentivamo noi ai tempi dell'adolescenza, chiudere gli occhi e rivivere quei momenti.

RIEPILOGO DEL CAPITOLO 1:

- SEGRETO n. 1: fondamentale per riuscire a comunicare con gli adolescenti è essere pazienti e saper dare loro fiducia responsabilizzandoli.
- SEGRETO n. 2: ricordate che il gruppo per l'adolescente è importante. Controllate però chi frequenta e fate in modo che non diventi la sua unica realtà.
- SEGRETO n. 3: fate in modo che la famiglia sia un posto dove i figli si sentano capiti senza essere giudicati; un luogo sicuro dove poter ritornare ed essere accolti.
- SEGRETO n. 4: ogni giorno, lasciate da parte le vostre preoccupazioni e dedicate del tempo ai ragazzi, ascoltandoli con attenzione e senza pregiudizi. Ricordate però che i giovani hanno bisogno di regole e devono trovare in voi un esempio di comportamento autorevole e lineare.
- SEGRETO n. 5: non lasciate che l'adolescente si senta solo, fate in modo di essere presenti. Insegnategli che la via per l'indipendenza non ha scorciatoie, ma è fatta di piccole conquiste giornaliere.

CAPITOLO 2:
Come affrontare i disagi giovanili

Cos'è il disagio giovanile
Questo concetto è molto complesso e variegato e non assume solo una connotazione negativa. L'espressione "disagio giovanile" si riferisce infatti a tutto quanto concerne la crescita dei ragazzi.

Oggi gli adolescenti si trovano a scontrarsi con un mondo permeato di valori consumistici e altamente competitivo, che può generare in loro forme di paura e sfiducia verso gli adulti e indurli a rinchiudersi nella solitudine e nell'angoscia. Il ruolo dei genitori, in questo delicato stadio della loro crescita, è di riempire la loro solitudine di valori positivi e trasformare la loro angoscia in qualcosa di costruttivo.

Lo stress
Spesso si crede che i giovani che vivono in un contesto emozionale e familiare apparentemente sereno non siano soggetti

a fattori di stress. Non fate l'errore di credere che solo gli adulti siano stressati. Anche i ragazzi, vista la vita frenetica che la società ci impone, sono soggetti a questa problematica, specialmente in riferimento a stress di tipo emotivo legati alla crescita.

Come riconoscere nei nostri figli i fattori di rischio
Ricordate che tutto ciò che causa paura e ansia nei bambini o negli adolescenti può essere una potenziale fonte di stress. Fonti di stress possono quindi essere lo stare lontani da casa, il cambiare luogo di abitazione e amici, il frequentare una nuova scuola, la separazione dei genitori, la paura del futuro e il cambiamento fisico.

La psicologia insegna che qualsiasi ragazzo sottoposto a questo tipo di esperienza subisce uno stress. Che sarà più o meno accentuato a seconda del carattere del giovane e dell'ambiente socio-culturale in cui vive. Alcuni segnali per riconoscere questo disagio sono: la rabbia, la disillusione, la scarsa autostima, la comparsa di dolori addominali e mal di testa, un forte senso di ribellione verso il mondo nel suo complesso.

Che cosa fare per aiutarli?
- create intorno a loro un ambiente sereno;
- fate in modo che sviluppino atteggiamenti positivi;
- rincuorateli;
- incoraggiate la loro razionalità e spingeteli a riconoscere e tenere ben separati il mondo reale da quello della fantasia (come i mondi virtuali e le chat line);
- convinceteli a curare la propria salute e a fare sport.

SEGRETO n. 6: aiutate i ragazzi a mantenere ben divisi il mondo della fantasia da quello della realtà e a capire in ogni momento in quale stanno vivendo. La confusione può generare il loro un forte stress.

Che cosa dire a un figlio che è "sempre stanco"
Escludendo tutte quelle cause che sono dovute a carenze organiche e che devono essere attentamente valutate con il medico di famiglia, si deve cercare di capire se l'astenia dei ragazzi sia dovuta a una forma di stress o semplicemente alla crescita.
Limitate dunque le ore che i ragazzi passano davanti al computer,

giocando o chattando con gli amici. Spesso il gioco online e i videogiochi creano infatti ansia da prestazione e distacco dalla realtà, con conseguente stanchezza causata dall'affaticamento visivo e mentale. Coinvolgeteli in attività da svolgere all'aperto.

Parlategli apertamente e tranquillizzateli sul fatto che la loro stanchezza non è dovuta ad alcuna malattia. Mettete allo stesso tempo in chiaro che questa non può essere usata come scusa per non andare a scuola o allontanare le problematiche.

SEGRETO n. 7: se i vostri figli si lamentano di essere sempre stanchi, per prima cosa rivolgetevi al vostro medico per sapere se godono di buona salute. Se così fosse, allora coinvolgeteli in attività all'aria aperta e non permettetegli di usare la stanchezza come scusa per non ottemperare ai loro obblighi.

Gli occhi come specchio dell'anima
Gli occhi dei ragazzi sono spesso limpidi come ruscelli di montagna, ma nel periodo adolescenziale sembrano nascondere una miriade di segreti. Sono bui e schivi, spesso improvvisamente

diventano tristi o rabbiosi. Ricordate che gli occhi sono lo specchio dei pensieri dei vostri figli e dietro quel velo si trovano le loro preoccupazioni, la loro voglia di crescere ed emergere, la loro insoddisfazione.

Scrutateli quindi attentamente, non solo per capire se siano sereni, ma anche per ricordarvi che il periodo che stanno attraversando è molto difficile e la loro ribellione nasconde spesso una richiesta di aiuto.

Come affrontare il problema degli amici sbagliati
Il desiderio di sentirsi parte di un gruppo ed essere accettati, anche a scapito della propria personalità, porta i ragazzi a scegliere amici che spesso non hanno nulla in comune con loro. Questo bisogno di accettazione è talmente forte che spesso li porta a comportamenti inadeguati e addirittura non conformi al loro carattere o alla loro personalità.

Alcuni di loro, ad esempio, tenderanno a vestirsi in modo stereotipato, cominceranno a fumare, anche se non lo desiderano veramente, o a fare uso di sostanze stupefacenti. Questo perché, pur di sentirsi parte di un gruppo, sono disposti a perdere la propria personalità e individualità.

Più il genitore porrà l'accento sulla differenza esistente tra suo figlio e il gruppo che ha scelto, più il ragazzo si attaccherà agli amici "sbagliati". Tutto ciò perché in questo periodo della vita quella genitoriale è vista come una figura da contraddire, sempre e comunque.

SEGRETO n. 8: evitate di ripetere continuamente che il gruppo che vostro figlio adolescente sta frequentando non è di vostro gradimento: otterrete l'effetto contrario a quello desiderato.

Controllare i ragazzi o dargli fiducia?

Noi genitori tendiamo spesso a voler tenere i ragazzi all'interno del nostro mondo. Gli ricordiamo continuamente che gli amici che frequentano sono inconcludenti e totalmente diversi da loro. Talvolta arriviamo a proibirgli di vederli o addirittura a rinchiuderli tra le mura domestiche.

A queste nostre sollecitazioni i ragazzi, normalmente, rispondono con atteggiamenti sempre più aggressivi nei nostri confronti o rinchiudendosi in un mondo da loro creato *ad hoc*.

Questo momento della vita dell'adolescente è uno dei più complicati da superare. Il consiglio che posso darvi è di essere molto attenti all'ascolto e di osservare con grande attenzione tutti i loro cambiamenti, fisici, emotivi, alimentari e di attenzione. Questi infatti possono essere segnali dell'ingresso dei vostri figli in un certo tipo di gruppo o dell'acquisizione di nuovi amici.

SEGRETO n. 9: siate attenti ai cambiamenti che si verificano in tutte le aree della loro vita. Ponete quindi attenzione alla loro vita scolastica, sportiva ed emotiva.

Dare fiducia o meno ai nostri ragazzi dipende moltissimo dal nostro carattere, dall'educazione che ci è stata impartita e dal comportamento che hanno tenuto i nostri figli sino a ora. Non c'è una regola standardizzata per questo problema. Valgono il buon senso e la considerazione di quante volte in passato la fiducia che abbiamo accordato loro è stata tradita o rispettata.

Come stabilire quale sia l'ora giusta per farli tornare a casa
Il luogo di residenza, la densità di popolazione e l'età del ragazzo sono l'ago della bilancia per decidere a che ora i figli dovranno rientrare a casa.

Normalmente i paesi dove tutti si conoscono sono meno a rischio, fermo restando che in una società come la nostra, dove il denaro e il possesso sono stati portati all'estremo, dobbiamo tenere conto che i nostri figli sono un target ideale per persone con pochi scrupoli.

SEGRETO n. 10: ricordate che la fiducia si ricambia con la fiducia, ma solo se i vostri ragazzi dimostrano la giusta maturità. Tenete sempre a mente che vostro figlio può essere un target per persone con pochi scrupoli.

Tendenzialmente le ore notturne sono quelle più a rischio e alcuni luoghi di raggruppamento giovanile sono possibili fonti d'incontri indesiderati. Controllate quindi i luoghi che frequentano abitualmente e state attenti allo stato fisico in cui ritornano a casa, per capire se hanno assunto alcolici o sostanze stupefacenti.

Lo spettro delle droghe incombe e non ti lascia dormire
Quando i figli cominciano a essere indipendenti e a uscire da soli, spesso sentiamo crescere in noi l'ansia. Mille strani pensieri si affollano nella mente, mille domande fanno capolino. «Chi vedranno?», «Che cosa staranno facendo?» e poi l'interrogativo più angosciante di tutti: «Sono certo che non facciano uso di droghe?»

Come riconoscere i sintomi
La prima cosa da fare nel momento in cui abbiamo un dubbio di questo genere è di rivolgerci al nostro medico di fiducia, che saprà indicarci il percorso da seguire.

Di base, per riconoscere questo disagio, è importante controllare innanzitutto:
- se ci sono cambiamenti nella loro alimentazione;
- se il loro ritmo sonno/veglia è regolare;
- se ci sono cambiamenti in ambito scolastico;
- se ci sono cambiamenti comportamentali, come aumento della rabbia o dell'apatia;
- se frequentano persone nuove.

Tutti questi indizi ci serviranno come report per il medico, che ci aiuterà a capire meglio la situazione.

RIEPILOGO DEL CAPITOLO 2:

- SEGRETO n. 6: aiutate i ragazzi a mantenere ben divisi il mondo della fantasia da quello della realtà e a capire in ogni momento in quale stanno vivendo. La confusione può generare il loro un forte stress.
- SEGRETO n. 7: se i vostri figli si lamentano di essere sempre stanchi, per prima cosa rivolgetevi al vostro medico per sapere se godono di buona salute. Se così fosse, allora coinvolgeteli in attività all'aria aperta e non permettetegli di usare la stanchezza come scusa per non ottemperare ai loro obblighi.
- SEGRETO n. 8: evitate di ripetere continuamente che il gruppo che vostro figlio adolescente sta frequentando non è di vostro gradimento: otterrete l'effetto contrario a quello desiderato.
- SEGRETO n. 9: siate attenti ai cambiamenti che si verificano in tutte le aree della loro vita. Ponete quindi attenzione alla loro vita scolastica, sportiva ed emotiva.
- SEGRETO n. 10: ricordate che la fiducia si ricambia con la fiducia, ma solo se i vostri ragazzi dimostrano la giusta maturità. Tenete sempre a mente che vostro figlio può essere un target per persone con pochi scrupoli.

CAPITOLO 3:
Come affrontare i problemi scolastici

Dobbiamo imparare a considerare i ragazzi non solo come soggetti in crescita, ma anche come persone da cui possiamo trarre degli insegnamenti. Questo riusciremo a farlo solo entrando nel loro mondo senza preconcetti e facendo allo stesso tempo attenzione a non invertire i rispettivi ruoli.

Noi non dobbiamo essere amici dei nostri figli e loro non devono farci da padre o madre. Dobbiamo essere sempre noi a dettare le regole e a incarnare la figura genitoriale. I ragazzi hanno bisogno di punti fermi e di qualcuno che glieli faccia rispettare. Quindi stategli vicini e fategli sentire non solo il vostro amore, ma anche la vostra guida.

A questo proposito voglio citare le parole di un professionista della scuola, un insegnante che soleva dirmi: «I ragazzi mi insegnano ogni giorno qualche cosa, sono delle piante in crescita, ogni giorno noti una nuova foglia che spunta». Spesso le ore di apprendimento a scuola non permettono di conoscere a fondo gli studenti, ma solo di notarne le fattezze generali e farsi un'idea del loro carattere. Quello che posso asserire con sicurezza è che però si notano immediatamente i giovani che hanno un supporto in famiglia, che sono seguiti, rispetto a quelli che invece sono lasciati soli.

Come affrontare il problema del bullismo

Spesso gli adolescenti sono molto chiusi emotivamente e non raccontano ai genitori nulla di quello che gli succede durante la giornata. Per questo è importante controllare se i vostri ragazzi tornano spesso dalla scuola con strani ematomi, che giustificano con argomentazioni decisamente poco attendibili, o prestare attenzione se li trovate in possesso di oggetti o capi di abbigliamento che non avete mai acquistato per loro.

La parola "bullismo" deriva dall'inglese *bullying* e si riferisce a più persone che compiono azioni di molestie ai danni di qualcuno più debole. Come si comprende, un semplice litigio non ha nulla a che fare con questo.

La condizione necessaria perché si possa parlare di bullismo è infatti che tra i litiganti ci sia un'asimmetria di forza: la vittima non è in grado di difendersi e si trova in una condizione d'impotenza di fronte al suo aggressore. Il comportamento aggressivo può assumere varie forme: verbale (minacce, prese in giro ecc.), fisico o sociale (l'esclusione intenzionale, il beffeggiamento ecc.).

Dobbiamo distinguere due tipologie di bullismo. Il primo, quello diretto, che si riferisce a scontri aperti e il secondo, quello indiretto, meno percettibile ma comunque molto dannoso, che consiste nell'isolamento volontario del singolo da parte del gruppo.

Il bullismo può essere correlato a due stili educativi opposti: l'autoritarismo (comportamento reattivo alla forza imposta dall'autorità) e il permissivismo (l'adolescente crede di poter fare tutto ciò che vuole). I vostri figli potrebbero essere vittime o aggressori e ovviamente, a seconda della condizione in cui si trovano, il vostro comportamento dovrà essere differente.

SEGRETO n. 11: il bullismo oggi è una problematica molto frequente, non commettete l'errore di sottovalutarla. Se notate segni di percosse o cambiamenti repentini dell'umore o delle abitudini di vostro figlio, andate a parlare con gli insegnanti per indagare e poi parlate apertamente con lui, usando molta delicatezza e facendogli capire che si può fidare di voi.

La scuola come palestra di vita

La scuola per i giovani è una palestra ove si scontrano con i problemi del vivere quotidiano. Non necessariamente i due termini, bullismo e scuola, sono sempre accoppiati, perché il bullismo si può verificare anche sul pullman, per la strada, nel cortile sotto casa ecc.

Soprattutto in questi anni, dove il divertimento dei ragazzi è tendenzialmente solitario e passa attraverso le nuove tecnologie (videogiochi, PC, web), la scuola è però diventata il principale centro di aggregazione giovanile. E siccome il bullismo si sviluppa in quei luoghi ove gli adolescenti si ritrovano più frequentemente, ecco che viene normalmente collegato alla scuola. Le statistiche, infatti, dicono che molti casi di bullismo si conclamano all'interno dell'ambito scolastico, dove i ragazzi passano la maggior parte della giornata.

Come decidere se denunciare o meno le molestie subite
A mio parere il danno subito andrebbe sempre denunciato, tenendo però in conto l'impatto emotivo che quest'azione potrebbe avere sulla personalità dell'adolescente.

Un consiglio che ritengo vada seguito è di rivolgersi a un esperto, che potrà valutare se sia meglio per i ragazzi essere allontanati dall'ambiente nocivo e vi consiglierà come muovervi per effettuare la denuncia.

Questo ovviamente vale se i vostri figli sono le vittime. Se invece sono gli aggressori bisogna agire diversamente. Nessun genitore è felice di sapere che il proprio ragazzo ha arrecato un danno a qualcuno più debole, ma per il suo bene deve comunque sforzarsi di aiutarlo a capire il perché dei suoi comportamenti. Chi chiude gli occhi davanti a questo tipo di realtà non si rende conto che così facendo, oltre ad avere un comportamento molto immorale, non aiuta il figlio a risolvere la sua problematica e non fa nulla per il suo recupero.

Come riconoscere i comportamenti a rischio

Quando si ha a che fare col bullismo, alcuni tipi di comportamento potrebbero essere un segnale di disagio. Dobbiamo separare i ragazzi in due categorie: gli aggressori e le vittime. Per ciò che riguarda le vittime vi è una serie di sintomi ai quali bisogna porre attenzione.

Sintomi fisici:
- mal di testa;
- mal di pancia;
- incubi;
- attacchi d'ansia.

Comportamenti:
- umore depresso;
- paura di andare a scuola;
- calo dell'autostima;
- diminuzione dell'apprendimento e quindi difficoltà scolastiche.

Per ciò che riguarda gli aggressori vi sono altri comportamenti rivelatori:

- violazione delle regole e dei diritti degli altri in qualsiasi ambiente sociale;
- prepotenza;
- rabbia;
- aggressività verbale e fisica sproporzionata alla causa scatenante;
- atteggiamento arrogante e provocatorio;
- incapacità di accettare le regole.

Tenete sempre a mente che gli adolescenti si vergognano di parlare dei loro problemi con i genitori, più che mai se hanno subito atti che considerano umilianti o sminuenti della loro persona.

SEGRETO n. 12: non abbassate mai la guardia e siate sempre pronti a cogliere immediatamente i segnali di disagio dei vostri figli, dimostrandovi disponibili ad affrontare con loro ogni eventuale problematica.

Come affrontare i problemi di apprendimento

Per gli adolescenti l'approccio con la scuola può rivelarsi molto arduo. Molti hanno la convinzione che alcune materie siano utili e altre assolutamente no, quindi operano delle scelte sbagliate e negative per loro stessi, che li portano a una situazione d'insoddisfazione e disagio.

Questo disagio è dovuto alla scarsa motivazione, alla mancata abitudine a impegnarsi mentalmente e all'angoscia del voto. Queste sono tutte barriere che, inconsciamente, i ragazzi si costruiscono contro il piacere di apprendere.

Bisognerebbe invece insegnare ai giovani il piacere di imparare e incentivare in loro il desiderio di scoprire cose nuove, leggendo, portandoli a visitare mostre e ad ascoltare conferenze. Dovrebbero inoltre imparare l'importanza della responsabilità sia verso se stessi, sia verso il prossimo ed essere educati a lavorare anche per gli altri.

Il genitore deve essere elemento collante tra la scuola e i figli, non deve delegare gli adolescenti allo studio e l'insegnante all'insegnamento, ma deve essere parte attiva in questa mediazione, cercando di far trovare ai giovani le motivazioni giuste per applicarsi nello studio.

Non dobbiamo poi dimenticare che per i ragazzi ogni tipo di scelta, compresa quella del passaggio dalla scuola media alla media superiore, crea un disagio. I consigli dei genitori possono essere molto utili, ma bisogna fare molta attenzione a non farsi influenzare dal conformismo familiare. Quindi mai fare pressione sui giovani e lasciare che seguano le strade adatte a loro.

Il mio consiglio è di farsi aiutare da un operatore specializzato della scuola e di scegliere il corso di studi dopo aver verificato quali siano realmente le attitudini dei ragazzi.

Che cosa può capitare se ciò non avviene? Molteplici possono essere le problematiche che scaturiscono da una scelta sbagliata:
- scarsi risultati nello studio indipendentemente dall'impegno;
- frustrazione, che può sconfinare anche in quadri depressivi o ansiosi;
- scarso coinvolgimento.

Spesso però nemmeno una meditata riflessione sul corso di studi è sufficiente a "curare" l'allergia alle regole e alla scuola che i ragazzi manifestano in questo periodo della loro vita. Non di rado il loro rendimento scolastico cala bruscamente e spesso li troviamo con i libri in mano, intenti a meditare su chissà quale problema esistenziale, rigorosamente fermi sulla stessa pagina.

Un genitore che deve affrontare una problematica di questo genere si trova catapultato in un mondo totalmente diverso da quello che conosceva. L'adolescente gli sembra quasi un estraneo che vive avvolto in un manto di tristezza e segreti.

Che cosa fare se il profitto scolastico cala di colpo
La scuola, quella che noi vediamo non solo come l'occupazione principale dei nostri ragazzi, ma anche come l'istituzione che dovrebbe prepararli al futuro e dargli le chiavi per il loro ingresso nel mondo, per loro è solo un tormento.

Quando cerchiamo di spiegargli che la scuola è il loro passepartout per il futuro, perché una persona istruita ha più facilità d'inserimento nella società, i ragazzi restano indifferenti alle nostre continue sfuriate. O ci assecondano, con un gesto di assenso, senza in realtà poi fare nulla. Il loro impegno scolastico resta assolutamente dispersivo e discontinuo. Nulla cambia nel loro comportamento.

Dobbiamo perciò cercare di essere più incisivi nei nostri discorsi, puntualizzando quali siano gli scopi dell'apprendimento e, se necessario, organizzando la loro giornata con orari prefissati per lo studio e il divertimento, perché si rendano conto che con l'impegno costante possono raggiungere dei buoni risultati.

Come arginare una situazione apparentemente disastrosa
Cosa importantissima da fare è poter escludere che la disattenzione dei nostri figli sia causata da una problematica fisica. Per accertarlo dobbiamo rivolgerci a un medico chiedendogli di valutare la situazione. Dopo di che, se il medico avrà diagnosticato che non c'è alcun problema fisico, passeremo alla seconda fase.

Cercheremo di capire se i brutti voti siano causati da uno sconvolgimento ormonale, dalle prime cotte o semplicemente dalla mancanza di voglia di stare chiusi in camera a studiare. Perché indubbiamente il trovarsi in gruppo è molto più allettante che restare ore e ore da soli in compagnia di un libro.

L'adolescenza, come ho già detto, è un'età di gruppo, nella quale normalmente i giovani desiderano passare sempre più ore insieme. Quindi lo studio, a loro vedere, porta via tempo prezioso al gruppo e al divertimento. Parlate con loro, cercate di spiegargli che studiare serve, che farlo può anche essere divertente, che se s'impegnano sarà più facile ottenere dei buoni risultati e questo man mano li porterà a "sprecare" sempre meno tempo per quest'occupazione.

Provate a capire se c'è un amico o un'amica che potrebbe studiare con loro e, se c'è, invitatelo/a a casa. Magari lui/lei potrà risolvere più facilmente di voi una situazione stagnante. Lasciate che pratichino tutto lo sport che desiderano, ma imponete che la scuola sia l'occupazione primaria.

Il futuro è nelle loro mani ed è in questo periodo che lo stanno forgiando, anche se purtroppo non se ne rendono conto. Apritegli

gli occhi sulle problematiche internazionali e ricordategli quanto siano fortunati a potersi dedicare allo studio, invece di essere nati in quella parte del mondo dove i bambini cominciano a cucire palloni all'età di 4-5 anni.

Spiegategli che la scuola è un obbligo, ma deve anche essere un piacere che, giorno dopo giorno, contribuisce a formare un nuovo uomo o una nuova donna. Dite loro che questo percorso, seppur faticoso e impervio, li porterà a essere indipendenti e a diventare un tassello importante nella società di domani. Devono convincersi che questa è la strada da percorrere e il prezzo da pagare per trovare il loro posto nel puzzle della vita.

SEGRETO n. 13: insegnate ai ragazzi che gli obblighi scolastici e comportamentali non sono solo atti noiosi da compiere per gratificare i genitori e la società, ma servono per prima cosa a loro stessi per costruirsi un futuro.

RIEPILOGO DEL CAPITOLO 3:

- SEGRETO n. 11: il bullismo oggi è una problematica molto frequente, non commettete l'errore di sottovalutarla. Se notate segni di percosse o cambiamenti repentini dell'umore o delle abitudini di vostro figlio, andate a parlare con gli insegnanti per indagare e poi parlate apertamente con lui, usando molta delicatezza e facendogli capire che si può fidare di voi.
- SEGRETO n. 12: non abbassate mai la guardia e siate sempre pronti a cogliere immediatamente i segnali di disagio dei vostri figli, dimostrandovi disponibili ad affrontare con loro ogni eventuale conseguenza.
- SEGRETO n. 13: insegnate ai ragazzi che gli obblighi scolastici e comportamentali non sono solo atti noiosi da compiere per gratificare i genitori e la società, ma servono per prima cosa a loro stessi per costruirsi un futuro.

CAPITOLO 4:
Come affrontare le patologie a rischio

Un problema che coinvolge non solo gli adolescenti in prima persona, ma anche le famiglie e le istituzioni scolastiche, è quello dell'abuso di sostanze stupefacenti e alcolici da parte dei giovani. In questo capitolo parleremo di droghe e alcool nella stessa maniera.

Alcuni ragazzi in questo periodo della vita esprimono il loro disagio e la loro voglia di evasione attraverso l'assunzione di droghe o alcool, provocandosi danni spesso irreparabili. Il loro cervello non è infatti ancora totalmente sviluppato e quindi è più suscettibile a lesioni irreversibili.

Se queste sostanze vengono poi usate per un tempo sufficientemente prolungato, possono anche influenzare lo sviluppo neurobiologico del cervello e quindi le sue funzioni cognitive, emotive e comportamentali.

Nel momento in cui si rendesse conto o avesse anche solo il sospetto che i figli siano entrati in questo tipo di spirale, un genitore dovrebbe immediatamente rivolgersi a personale specializzato per avere il giusto aiuto. Anche perché l'abuso di droghe può provocare anche pesanti conseguenze non mediche, come il fallimento scolastico, l'allontanamento dal nucleo familiare e problemi con la giustizia.

Voglio adesso provare ad analizzare il fenomeno alla luce della mia esperienza con i giovani.

Un primo fattore di rischio può essere rintracciato all'interno del "gruppo dei pari", ovvero il gruppo di amici, che supera per importanza e autorità i genitori.

I gruppi hanno al loro interno regole che riguardano il tipo di composizione e il funzionamento, ma anche il comportamento e la morale dei membri. Normalmente queste regole sono molto rigide, talvolta anche antitetiche alla situazione sociale, il che induce i singoli a uniformarsi a determinati comportamenti per essere accettati e approvati dal gruppo.

Un altro motivo che spinge i ragazzi al consumo di droghe e alcool potrebbe essere legato alla paura di crescere, cioè di diventare adulti. Queste sostanze potrebbero essere per loro una via di fuga dagli impegni, un modo per ritardare le responsabilità.

Un'altra caratteristica dei nostri tempi che può essere vissuta in maniera molto negativa è la necessità di arrivare primi, di essere sempre all'altezza in ogni situazione. Anche in questo caso la sostanza chimica può essere confusa come un aiuto per raggiungere i propri obiettivi senza sforzo.

Un'altra causa può essere la ricerca ossessiva dei piaceri forti e immediati, a scapito della serenità e della salute individuale che si possono ottenere sviluppando le proprie capacità in modo graduale. Non bisogna poi sottovalutare le difficoltà del dialogo generazionale, che possono sfociare nel rifiuto dei valori in cui credono i genitori.

Queste teorie possono essere valide in toto per un adolescente e solo in parte per un altro. Di certo i ragazzi che fanno uso e abuso di droghe e alcool sentono la mancanza di qualcosa che riescono a trovare solo nell'assunzione di queste sostanze. La miglior cura per questo tipo di problema è la prevenzione. In questo campo possono fare moltissimo sia la famiglia, sia la scuola con l'informazione.

A questo proposito uno psicoterapeuta professionista specializzato in problemi adolescenziali mi ha detto: «Al giorno d'oggi ci sono sempre più famiglie che si ritrovano a richiedere l'aiuto dell'esperto quando si trovano a dover affrontare problematiche riguardanti il mondo dell'adolescenza.

L'adolescenza infatti, essendo una fase di passaggio tra l'infanzia e l'età adulta, è caratterizzata da cambiamenti molto importanti, quali quelli del proprio corpo e quelli relazionali con i propri genitori, con i coetanei, con le figure adulte in generale. Tutto questo può portare all'insorgenza di disturbi del comportamento, anche alimentare, somatizzazioni, ansia, depressione o indurre all'abuso di sostanze.

Tutto ciò solitamente capita quando durante questo passaggio non avviene la costruzione di una nuova identità e di nuovi valori.

Tutto ciò spesso è lo specchio delle difficoltà degli adolescenti di trovare il proprio spazio, di individuarsi e identificarsi, di accettarsi e farsi accettare dagli altri, di riconoscersi in una fase della loro vita in cui non sono più bambini, ma nemmeno ancora adulti.

Non sempre dietro questi ragazzi ci sono famiglie con gravi problemi. A volte questi disturbi possono insorgere anche in famiglie apparentemente "normali". Per questo motivo bisogna fare molta attenzione a individuare qualsiasi cambiamento nel comportamento del ragazzo o nelle dinamiche familiari e, al minimo dubbio, rivolgersi alle figure professionali competenti».

SEGRETO n. 14: quando ci sono problemi di droghe o alcool, la presenza e l'aiuto costante dei genitori sono fondamentali. Se però non bastasse, non bisogna avere paura di rivolgersi a uno specialista del campo per trovare un supporto.

Come riconoscere un disagio da assunzione di droghe
Non vi sono regole mandatarie per questo tipo di problema, se non i consigli che ho scritto prima.

È buona norma porre attenzione a:

- cambiamento della personalità;
- variazioni del rendimento scolastico;
- eccessi d'ira;
- apatia;
- variazioni del comportamento alimentare;
- variazioni del ritmo sonno-veglia.

Una volta che il meccanismo è stato innescato e si sono rilevati i segni di cui sopra, bisogna immediatamente rivolgersi agli esperti del settore. Un consiglio molto importante è quello di mantenere una buona relazione con i ragazzi, perché così si riuscirà a prevenire il problema o, quantomeno, a individuarlo immediatamente.

In questo modo oltretutto si eviterà l'esplodere di un conflitto generazionale, non si scatenerà in loro il desiderio di combattere le regole e non avranno bisogno di emulare il gruppo. Anche la ricerca del piacere assoluto sarà meno sviluppata, perché non avranno bisogno di sentire sensazioni forti e immediate.

SEGRETO n. 15: accogliete i giovani nel vostro cuore, non pensate che stiano agendo contro di voi, ma lavorate perché si sentano sicuri e accettati, così da ridurre al minimo le possibilità che si rivolgano a mezzi artificiali per raggiungere la felicità o per evadere da una realtà che non riconoscono.

I problemi con il cibo e con il proprio corpo
Vi sarà capitato di chiedervi come mai i vostri ragazzi mangino a dismisura o siano inappetenti, come mai amino i "cibi spazzatura" o siano diventati totalmente salutisti. La risposta a questi quesiti non è di facile soluzione.

Durante l'adolescenza i ragazzi possono alterare le loro abitudini alimentari. In questa fase subiscono infatti grandi modifiche strutturali, che possono condurre a una distorsione del loro schema corporeo.

Questo fa sì che tendano a far confluire tutte le proprie ansie sul corpo in trasformazione e qualsiasi variazione, che sia il peso, la forma del naso o l'altezza, diventi una fonte di disagio.

Portate all'eccesso, queste preoccupazioni possono sfociare in atteggiamenti allarmanti, come i disturbi del comportamento alimentare o la convinzione di avere dei difetti fisici, che li porta a sentirsi notati dagli altri nonostante il loro aspetto sia nei limiti della norma.

SEGRETO n. 16: esaltate i loro pregi, non evidenziate i difetti fisici, non prendeteli in giro se non riescono ad accettare il loro corpo, che è in una fase di transizione molto delicata.

Come affrontare i disturbi alimentari durante l'adolescenza
Non dobbiamo proibire ai ragazzi l'approccio con certi cibi, ma cercare di educarli ad avere un comportamento alimentare equilibrato. Partendo dalle regole di base dell'alimentazione, per arrivare a consultare uno specialista nel caso in cui il disturbo non sia gestibile dalla famiglia.

Come per le droghe e l'alcool, vi sono alcuni segnali ai quali un genitore deve prestare attenzione per captare un eventuale disordine alimentare nei figli:
- sensazione frequente di nausea;

- assunzione di cibo smodata o assolutamente insufficiente al fabbisogno calorico giornaliero, seguita da vomito;
- attenzione ossessiva per il peso corporeo;
- attenzione eccessiva per alcune parti del proprio corpo considerate spiacevoli;
- controllo eccessivo del peso del cibo;
- lettura compulsiva di libri di cucina;
- sport portato all'eccesso.

L'eccessiva magrezza e l'attenzione costante al peso sono sintomi di un disagio del giovane, che lo rende incapace di vedersi per quello che è realmente. Ricercando ossessivamente la perfezione.

Un altro comportamento (opposto) da tenere sotto controllo nell'adolescente è la tendenza a placare l'ansia mangiando e l'incapacità di controllare i propri impulsi, ingurgitando quindi tutto ciò che capita a tiro.

Tutti questi segnali devono essere attentamente monitorati perché potrebbero essere il segnale dell'insorgenza di problematiche a carico dei ragazzi.

SEGRETO n. 17: ponete attenzione a quanto mangiano i vostri figli, che sia troppo o troppo poco, e a tutti gli atteggiamenti che possano essere considerati, nella loro manifestazione, esagerati. Tutto ciò che è considerato "eccessivo" rispetto alle normali regole alimentari e igieniche potrebbe essere un segnale di rischio.

RIEPILOGO DEL CAPITOLO 4:

- SEGRETO n. 14: quando ci sono problemi di droghe o alcool, la presenza e l'aiuto costante dei genitori sono fondamentali. Se però non bastasse, non bisogna avere paura di rivolgersi a uno specialista del campo per trovare un supporto.
- SEGRETO n. 15: accogliete i giovani nel vostro cuore, non pensate che stiano agendo contro di voi, ma lavorate perché si sentano sicuri e accettati, così da ridurre al minimo le possibilità che si rivolgano a mezzi artificiali per raggiungere la felicità o per evadere da una realtà che non riconoscono.
- SEGRETO n. 16: esaltate i loro pregi, non evidenziate i difetti fisici, non prendeteli in giro se non riescono ad accettare il loro corpo, che è in una fase di transizione molto delicata.
- SEGRETO n. 17: ponete attenzione a quanto mangiano i vostri figli, che sia troppo o troppo poco, e a tutti gli atteggiamenti che possano essere considerati, nella loro manifestazione, esagerati. Tutto ciò che è considerato "eccessivo" rispetto alle normali regole alimentari e igieniche potrebbe essere un segnale di rischio.

CAPITOLO 5:
Come affrontare la loro indipendenza

Il tipo di educazione che abbiamo ricevuto e gli impulsi esterni condizionano moltissimo la nostra percezione del momento in cui i nostri figli diventano indipendenti. Non vi sono regole che sanciscano il passaggio dei giovani all'età adulta, poiché questo dipende molto dal luogo di origine, dal contesto in cui vivono e dalla maturità dimostrata.

Ovviamente, le loro responsabilità cambiano e aumentano progressivamente in base all'età. Ci sarà il momento in cui gli consegneremo le chiavi di casa e quello in cui gli daremo responsabilità ancora maggiori. Ma quando arriva la maggiore età? Quando possiamo considerarli veramente adulti?

A mio parere esiste una sola regola applicabile a questo caso. I ragazzi possono essere considerati "grandi" nel momento in cui ci dimostrano di essere indipendenti e provano di saper affrontare con coscienza anche situazioni impreviste o potenzialmente pericolose.

SEGRETO n. 18: insegnate ai ragazzi a essere responsabili e a prendersi cura delle proprie cose. In questo modo prenderanno coscienza del mondo che li circonda e sapranno destreggiarsi.

Come affrontare la crescita e la responsabilizzazione

La struttura della società odierna porta i genitori a proteggere eccessivamente i ragazzi, tenendoli lontani dalle esperienze negative e rinchiudendoli sotto una campana di vetro ove la realtà arriva filtrata a loro uso e consumo. Questo modo di agire non aiuta gli adolescenti a crescere perché li porta a delegare impegni e responsabilità agli adulti.

Dobbiamo ricordare che ogni tipo di esperienza, anche negativa, lascia un bagaglio che dovrebbe essere costruito e assimilato a poco a poco. Se ciò non avviene, il giovane sarà incapace di affrontare le piccole e grandi difficoltà che la vita gli porrà prima o poi davanti.

Bisogna quindi, per prima cosa, reprimere le nostre ansie di genitori, responsabilizzando i ragazzi e lasciando che affrontino le situazioni con le loro forze. Questo non significa abbandonarli a se stessi, ma seguirli con occhio vigile, pronti a intervenire in caso di bisogno.

"Mamma-dipendenti" o liberi pensatori?
Ricordiamoci sempre che in questo periodo della loro esistenza gli adolescenti tendono a non riconoscere il ruolo genitoriale e, quel che è peggio, a non pensare con la loro testa ma con quella degli altri. Per "altri" intendo soprattutto amici, in carne e ossa o conosciuti virtualmente, e modelli dei mass media. Questa però non è una buona ragione per sottovalutare l'intelligenza e la forza di carattere dei giovani, soffocandoli con le nostre attenzioni.

Bisogna aiutarli a capire che non sempre quello che vedono alla televisione e sul web è positivo o corrisponde alla realtà e che non sempre i comportamenti degli amici sono corretti e i nostri errati. Dobbiamo insomma guidarli perché si creino un loro metro di valutazione tenendo presenti le regole del vivere comune, del rispetto reciproco e della convivenza in una società civile.

SEGRETO n. 19: non sottovalutate l'intelligenza e la forza di carattere dei giovani, perché hanno dentro di sé un mondo in evoluzione pieno zeppo di risorse per fronteggiare la vita. Devono solo imparare a usarle.

Il ruolo della madre e del padre: due mondi a confronto
In una società in costante evoluzione come quella odierna, anche i ruoli dei genitori si sono modificati. Sono pressoché scomparsi, ad esempio, la madre relegata al ruolo di casalinga e il padre che lavora ed è presente solo nelle ore serali. Oggi queste figure sono diventate paritetiche: di solito entrambi i genitori lavorano e i compiti riguardanti educazione e gestione familiare sono di conseguenza suddivisi tra i due coniugi.

Gli adolescenti hanno bisogno che le figure genitoriali svolgano una funzione di contenimento, adattandosi alle loro esigenze, che cambiano man mano che crescono. Indipendentemente dal fatto di essere madre o padre, si dovrebbe comunque saper rispondere in modo consono alle richieste dei figli, che in questa fase della loro vita sono molto variabili.

Molto spesso però i genitori cadono nell'errore di dedicarsi completamente ai figli, annullando se stessi e i propri bisogni, dimenticando che la gratificazione personale può diventare per i ragazzi un modello di figura adulta matura. Per "matura" intendo una persona libera e autonoma, libera di operare le proprie scelte e autosufficiente per perseguirle e badare a se stessa.

SEGRETO n. 20: non annullate la vostra personalità e il vostro carattere pensando solo al benessere dei figli, perché altrimenti diventerete delle persone frustrate che alla fine, quando i figli saranno cresciuti, si sentiranno completamente inutili.

Un altro punto molto importante su cui porre l'accento è che il ruolo di guida e controllo non deve essere necessariamente affidato a un genitore in particolare, ma deve essere responsabilità di entrambi. Per "controllo" non intendo un metodo censorio, ma una presenza discreta che permetta la maturazione dei ragazzi e gli dia la possibilità di sperimentare altre forme relazionali all'esterno della famiglia.

Ricordiamo che l'adolescente deve acquisire una propria identità adulta e questo processo può essere agevolato oppure ostacolato dai genitori, a seconda del loro comportamento.

In questa fase i giovani si staccano dai genitori per imparare a camminare da soli e questo distacco può farli entrare in crisi, sia come coppia, sia a livello individuale. Questo accade perché, perdendo il proprio ruolo genitoriale, alcune persone si sentono incapaci di mantenere un rapporto affettivo che per molto tempo ha avuto come solo fulcro i figli. Il distacco di un membro della famiglia infatti porta inevitabilmente a cambiare le relazioni tra tutti i membri del gruppo.

Gli adolescenti però devono poter essere in grado di sostituire i legami familiari con altri legami esterni. La separazione dai genitori, se avviene nei tempi corretti e in modo non forzato, è una tappa fisiologica del cammino dei giovani verso l'età adulta. Questo richiede una grande elasticità mentale da parte dei genitori, che invece spesso, per conflitti emozionali non risolti, creano un ostacolo inconscio all'evoluzione dei figli tenendoli legati alla famiglia.

Il consiglio che posso darvi è di lasciar volare via i vostri piccoli dal nido seguendoli da vicino, senza però interferire troppo nelle loro scelte. Capisco che per ogni genitore è difficile dare fiducia al proprio cucciolo, a quell'esserino che fino a poco tempo prima era un fagotto bisognoso di cure e attenzioni e ora, quasi all'improvviso, si è trasformato in un uomo o in una donna dallo sguardo fiero, quasi irriverente e dissacrante di tutto ciò che gli/le è stato insegnato.

È difficile credere che i figli siano pronti a camminare nel mondo senza di noi, senza la nostra guida "illuminata", ma invece è proprio così. Purtroppo o per fortuna, per i genitori un giorno arriva il momento di staccarsi, di ritirarsi e diventare una sorta di supervisori esterni. Delle entità che interverranno a mali estremi e che aspetteranno, o almeno dovrebbero aspettare, di essere interpellati per dire la loro.

SEGRETO n. 21: lasciate che il fulcro della vita del giovane adulto si sposti al di fuori della famiglia, perché è del tutto naturale che sia così, e non sentitevi in colpa o offesi se non si rivolgerà più a voi per ogni problematica.

Spesso noi genitori a questo punto ci sentiamo inutili e perdiamo interesse per la nostra vita di coppia, perché ci sembra che tutto sia sbagliato o troppo monotono o irrilevante. Dobbiamo invece fermarci a pensare che il nostro ruolo non è terminato, che saremo sempre pronti a raccogliere un grido di aiuto o ad applaudire per una meta raggiunta, solo che tutto questo non lo vivremo più in prima persona ma, spesso, solo da spettatori.

RIEPILOGO DEL CAPITOLO 5:

- SEGRETO n. 18: insegnate ai ragazzi a essere responsabili e a prendersi cura delle proprie cose. In questo modo prenderanno coscienza del mondo che li circonda e sapranno destreggiarsi.
- SEGRETO n. 19: non sottovalutate l'intelligenza e la forza di carattere dei giovani, perché hanno dentro di sé un mondo in evoluzione pieno zeppo di risorse per fronteggiare la vita. Devono solo imparare a usarle.
- SEGRETO n. 20: non annullate la vostra personalità e il vostro carattere pensando solo al benessere dei figli, perché altrimenti diventerete delle persone frustrate che alla fine, quando i figli saranno cresciuti, si sentiranno completamente inutili.
- SEGRETO n. 21: lasciate che il fulcro della vita del giovane adulto si sposti al di fuori della famiglia, perché è del tutto naturale che sia così, e non sentitevi in colpa o offesi se non si rivolgerà più a voi per ogni problematica.

Conclusione

Siamo giunti al termine delle nostre fatiche, passo dopo passo abbiamo imparato a vincere le nostre indecisioni e a confrontarci con l'adolescenza. Abbiamo superato la paura del fallimento e scoperto che a volte non possiamo fare da soli, ma abbiamo bisogno dell'aiuto di esperti e che in questo non c'è nulla di male.

Ora è giunto il momento di agire, di mettere in pratica tutto quello che abbiamo imparato, con forza e determinazione, perché solo impegnandoci riusciremo ad applicare le giuste strategie e ottenere dei risultati.

Quindi ora mettete via il manuale, sedetevi su una comoda poltrona e ripassate mentalmente ogni segreto, rivisitate con il senno di poi le situazioni che vi angosciano e vedrete che tutto sembrerà meno grave, meno drammatico. Poi alzatevi, finalmente rinnovati dalle vostre nuove conoscenze e dalla consapevolezza che molti altri stanno vivendo la vostra stessa situazione, e agite.

Agite per il bene dei vostri figli e per il vostro, senza mai scordare che voi e i vostri figli siete una famiglia, ma che i vostri caratteri e i vostri mondi interiori sono entità separate. Per tanto che potranno assomigliarvi, loro non saranno mai come voi e talvolta potranno deludere le vostre aspettative, come a volte potrà succedere il contrario. Non dimenticate: la via della tolleranza e del dialogo vi porterà sempre dei vantaggi.

Buon viaggio nell'Universo del vostro amato/odiato adolescente!

www.ingramcontent.com/pod-product-compliance
Lightning Source LLC
Chambersburg PA
CBHW050918160426
43194CB00011B/2463